Weisheiten der Ruhe

arsEdition

Die größte Offenbarung ist die Stille.

Laotse

Ein Augenblick der Seelenruhe ist besser als alles, was du sonst noch erstreben magst.

Persische Weisheit

Selig ist der Mensch,
der mit sich selbst
in Frieden lebt.
Es gibt auf Erden
kein größeres Glück.

Matthias Claudius

Die Ruhe ist die
natürliche Stimmung
eines wohlgeregelten,
mit sich einigen Herzens.

Wilhelm von Humboldt

Nimm

an, was d

nnehmen sollst.

Walt Whitman

Erkenne dich selbst.

Thales von Milet

In dem Moment,
wo du dich einer Sache
wirklich verschreibst,
rückt der Himmel
in deine Reichweite.

Johann Wolfgang von Goethe

Du kannst dahin gehen,
wohin du möchtest.

Bram Stoker

Wer steilen Berg erklimmt,
hebt an mit ruhigem Schritt.

William Shakespeare

Die Kunst

des Ausruhens ist ein Te

er Kunst des Arbeitens.

John Steinbeck

Den Puls des eigenen Herzens fühlen. Ruhe im Innern, Ruhe im Äußern. Wieder Atem holen lernen, das ist es.

Christian Morgenstern

*Die Stunde ist kostbar.
Warte nicht auf eine
spätere, gelegenere Zeit.*

Seneca

IX
X
XI
XII
I
II
III
IIII
J
D
F
N

Jeder Tag soll und muss
einen Sinn haben, und
erhalten soll er ihn
nicht vom Zufall,
sondern von mir.

Rainer Maria Rilke

Wenn wir, solange wir leben,
dem Weg der Freude folgen,
werden wir am Ende eins
mit diesem Weg.

Leo Tolstoi

Reich

wird man erst durch die Dinge

ie man nicht begehrt.

Mahatma Gandhi

Das Lächeln,
das du aussendest,
kehrt zu dir zurück.

Indische Weisheit

An einem schönen Tage
im Schatten zu sitzen und
ins Grüne zu blicken ist
die beste aller Erquickungen.

Jane Austen

Die Erschaffung einer kleinen Blume ist das Werk von Jahrtausenden.

William Blake

*Kein seligerer Traum,
kein beglückenderes
Ereignis als Ruhe,
stille Ruhe im Dasein.*

Bettina von Arnim

Wenn

das Wasser sich nich

ewegt, wird es klar.

Weisheit aus Tibet

Forsche nicht, was
morgen sein wird.

Horaz

*Denn von den Gedanken
nimmt die Seele ihre Farbe an.*

Mark Aurel

Ruhe aus!
Ein Feld, das geruht hat,
trägt herrliche Ernte.

Ovid

In einigen Fällen war es nicht möglich, für den Abdruck der Texte die Rechteinhaber zu ermitteln. Honoraransprüche der Autoren, Verlage und ihrer Rechtsnachfolger bleiben gewahrt.

Coverfotografie: Heinz Hirz
Fotos im Innenteil: Heinz Hirz
ISBN 978-3-7607-2726-4
Printed by Tien Wah Press

www.arsedition.de